AF236018

Alfred Reichel

Weihnachtliche Biergedichte

© 2018, Alfred Reichel
Layout, Satz & Umschlaggestaltung: Malte Reddig
Covergestaltung: Malte R (modifiziert nach D. Schneck)
Herstellung und Verlag: BoD – Books on Demand, Norderstedt
ISBN 978-3-7528-6911-8

Bibliografische Information der Deutschen Nationalbibliothek:
Die Deutsche Nationalbibliothek verzeichnet diese Publikation
in der Deutschen Nationalbibliografie; detaillierte bibliografische
Daten sind im Internet über www.dnb.de abrufbar.

Dem Christkind

und dem Weihnachtsbier

gewidmet.

#1 **Erinnerungshilfe**

Das Christkind steht durstig vor meiner Tür.
Und ich Blödmann habe kein Weihnachtsbier.
Ich wache panisch auf. Es ist erst August.
Schnell verflogen sind Panik und Frust.
Ich schreibe mir als Erinnerungshilfe für den
November:
Remember. Remember.
Kauf dir
zwei Kisten Weihnachtsbier!

#2 **Herbstliche Vorweihnachtszeit**

Herbst – Der Igel sucht sich schon bald sein Winterquartier.
Und ich suche schon beim Händler nach
Weihnachtsbier.

Die Weihnachtszeit
ist nicht mehr weit.
Weihnachten steht bald vor der Tür
und mit ihm auch das Weihnachtsbier.

Prost auf den Herrn der Herrlichkeit.
Weihnachten ist nicht mehr weit.

#3 November

November – das Jahr wird alt.
November – minus 4 Grad, saukalt.
November – der erste Schnee hat uns schon beehrt.
November – der erste Kasten Weihnachtsbier ist
geleert.
November – Weihnachten kommt schon bald.

#4 Adventszeit

Die Adventszeit lädt uns ein
auf weihnachtliches Allerlei.
Ich habe mir, von Weihnachten ganz beseelt,
zum Trinken jetzt ein Weihnachtsbier gewählt.
Ein Prost aufs Christkind,
das hoffentlich unsere Herzen gewinnt <3

Lass dich von der Vorweihnachtszeit nicht stressen.
Genieße die Zeit mit Glühwein und Lebkuchenessen.
Oder gönne dir ein Weihnachtsbier.
Freue dich, bald steht's Christkind vor deiner Tür.

#5 Paradiesisches Bier

Geht's dir mal mies.

Gönne dir ein Stück vom Paradies

in Form von Weihnachtsbier.

Prost. Zumindest hilft es mir.

Vielleicht denkst du ja ich spinne,

aber in Weihnachtsbier wohnt ein Segen inne.

#6 Denkt daran

Weihnachten kommt meist schneller als man denkt.

Davor ist man halt auch von vielem abgelenkt.

Denkt also schon beizeiten daran:

Heilig Abend ist am 24.12. und nicht irgendwann.

Deckt euch rechtzeitig mit Weihnachtsbier ein.

Kauft für die Weintrinker auch ein paar Flaschen Wein.

#7 Weihnachtsmarkt

Der Weihnachtsmarkt ist aufgebaut.

Die Herzen sind vom Glühwein aufgetaut.

Aber nach zwei bis drei Gläser Glühwein

darf's auch mal wieder ein Fläschchen Bier sein.

Harfenklänge, Chorgesänge.

Mandel- und Glühweinduft in der Luft.

Alles ist sehr harmonisch hier.

Mir fehlt nur ein Stand mit Weihnachtsbier!

#8 Heimweg vom Weihnachtsmarkt

Mein Auto bleibt in der Garage geparkt.

Ich gehe jetzt heim vom Weihnachtsmarkt.

Unter meinen Stiefeln knistert der Schnee.

Tut mir von der klirrenden Kälte die Nase weh?

Oder trank ich zu viel Glühwein aus meinem Glase?

Vielleicht kommt daher die schmerzende rote Nase?

Mit Weihnachtsbier

wäre mir

das garantiert

nicht passiert!

#9 Nur ein Bier

Es gibt von November

bis Dezember

nur ein Bier

- WEIHNACHTSBIER!

#10 Medizin

Ein Weihnachtsbier ist meine Medizin

gegen Weihnachtsstress und Cholesterin.

#11 Zufrieden und glücklich

Sehr zufrieden

lehne ich mich zurück,

denn beschieden

ist mir großes Glück.

Ich sitze mit Freunden zusammen.

Wir trinken Weihnachtsbier.

Schön, dass wir zusammen kamen.

Ach, wie wohl ist mir!

#12 Winterzeit

Liebe Erwachsene, liebe Kinder,

es wird Winter!

Bitte seid so nett

und bringt eure Kinder ins Bett.

Kommt dann alle herbei

und bringt Bier vorbei.

Zieht euch warm an

und bitte denkt daran:

Ein Weihnachtsbier

ist besser als kein Bier…

#13 Weihnachtliche Vorfreude

Lichterketten, Lebkuchen überall.

Man hat gar keine andere Wahl,

als immer an Weihnachten zu denken.

Selbst Weihnachtsbier kann davon nicht ablenken.

Noch ist's weihnachtliche Vorfreude und keine Qual.

#14 Großer Mist

Eine leere Flasche Weihnachtsbier ist großer Mist,

weil da ja kein Weihnachtsbier mehr drinnen ist.

#15 An Weihnachten

An Weihnachten
auf die Linie achten?
Auf keinen Fall. Nein.
Wir trinken Bier und Wein
gerade an Weihnachten!

#16 Was?

„Ohne Spaß -
was soll ich trinken? Was?"
„Weihnachtsbier – was sonst?!
Am besten umsonst!"

#17 Weihnachtsglücksrausch

Es ist das größte Glück auf Erden,
von Weihnachtsbier berauscht zu werden.
Du hörst Engelein Weihnachtslieder singen.
Du siehst kleine, lustige Rentiere springen.
Himmlische Glöckchen hörst du klingen.
Alles erscheint friedlich und harmonisch dir
nach getrunkenen 2 Flaschen Weihnachtsbier.
Prost!

#18 Unstillbar

Mein Durst nach Weihnachtsbier ist unstillbar
- das finde ich wunderbar!

#19 Weihnachtsbier und ich

Ich sag's frisch, fromm, fröhlich, frei:
Bei Weihnachtsbier bin ich immer gerne mit dabei!

#20 Biersegen

Gott segne dieses Weihnachtsbier,
das ich gerade trinke voller Gier.
Und da doppelter Segen doppelt hält,
hab ich mir gleich ein zweites bestellt.

#21 Es ist so weit...

Es ist so weit. Es schneit.
Es ist so weit. Wir sind bereit
für Weihnachtsbier und Weihnachtszeit.
Es ist so weit. Wir trinken Bier zu zweit.
Nach 6 Weihnachtsbier ist's so weit. Sei gescheit
und trinke heut kein Bier mehr, sonst bist du breit.

Schmeckt gut, tut gut

Ich hab schon lange gecheckt,

ich trinke Weihnachtsbier, weil's mir schmeckt.

Aber auch weil er mir einfach gut tut,

trinke ich gerne den weihnachtlichen Getreidesud.

Weihnachtliche Liebeserklärung

Du gehörst zu mir

wie der Schaum aufs Weihnachtsbier.

Du bist wie dies Bier ein Gedicht.

Ich liebe dich.

Spenden

Habt Erbarmen.

Trinkt in der Weihnachtszeit weniger Bier

und spendet das so gesparte Geld für

die Armen.

Wir haben Erbarmen.

Wir trinken wie immer unser Weihnachtsbier

und spenden trotzdem etwas Geld für

die Armen.

#25 Macht Sinn

Ich sitze drinnen im Warmen. Und du stehst draußen
im Frost.
Drum trinke ich kühles Weihnachtsbier und du trinkst
Glühwein. Prost!

#26 Besinnlich- und Gemütlichkeit

Besinnlich- und Gemütlichkeit machen sich in
meinem Herzen breit,
wenn ich zwei Weihnachtsbier getrunken hab und es
draußen schneit.
Ich sitze in meinem wohlig warmen Quartier,
trinke das dritte Bier und denke mir:
Man braucht nicht wirklich viel auf dieser Welt.
Mir reichen Liebe, Wärme, Bier und etwas Kleingeld.

#27 Warm ums Herz

Draußen schneit es dicke Flocken.
Ich tu in meinem Zimmer hocken.
Vor mir steht ein Weihnachtsbier.
Ach, wie warm ums Herz wird mir.
Hab warme Füße wegen dicker Socken.

#28   Weihnachtliche Wünsche

Auf dass weihnachtlicher Friede und Nächstenliebe
das ganze Jahr auf der Erde bliebe!
Darauf trinken wir jeder eine Flasche Weihnachtsbier
leer.
Auf Freundschaft und Gesundheit trinken wir gleich
hinterher.

#29   Außer

Es gibt nichts Besseres als ein Weihnachtsbier.
Außer zwei Weihnachtsbier.

#30   Tee mit Rum

Auf November
folgt Dezember.
Auf Regen folgt Schnee.
Ich tu mir gegen die Kälte Rum in den Tee,
trinke ihn und denke mir:
Tee mit Rum ist die heiße Alternative zu
Weihnachtsbier.

#31   Glück im Unglück

Eine Weihnachtsbierflasche geht zu Bruch, versehentlich.
Das ist natürlich ärgerlich.
Doch wenigstens war sie leer,
sonst wäre der Ärger viel mehr.

#32   Gut

Wecke das Gute in dir,
trinke ein, zwei Weihnachtsbier!

#33   Schneefrau

Ich habe im Winter eine Freundin aus Schnee.
Ich proste meiner kühlen weißen Fee
mit einem kühlen Weihnachtsbier täglich zu
und freue mich immer auf unser bieriges Rendezvous.

#34   Weihnachtsbier-trink-Grund

Braucht man einen Grund, um Weihnachtsbier zu trinken?
Ist Weihnachtsbier nicht Grund genug, um zu trinken?

#35 Wunderschön

Weihnachten ist echt stressig,

sagst du mir, leicht gehässig.

Aber die Lage ändert sich

mittels Weihnachtsbier für dich:

Weihnachten ist doch schön,

so schön, so wunderschön,

sagst du etwas später mir

nach getrunkenen drei Weihnachtsbier.

#36 Völlig unbeschwert

Zwei Flaschen Weihnachtsbier sind geleert.

Ich fühle mich heiter und unbeschwert.

Ich fühle mich weihnachtlich und frei

und genehmige mir jetzt Bier Nummer drei.

#37 Weihnachtslieder

Wir haben unsere Kehlen mit Weihnachtsbier geölt.

Dann haben wir laut Weihnachtlieder gegrölt:

„Leise rieselt der Schnee." und „Stille Nacht."

Wir hatten Spaß und haben viel gelacht.

Jetzt geht's ins Bett. Gute Nacht.

#38 Gestern / heute

Gestern war der Himmel blau
und er nach 10 Weihnachtsbier auch.
Heute ist der Himmel grau
und er hat Schmerzen im Kopf und Bauch.
Prost mit Kamillentee
gegen Kopf- und Bauchweh!

#39 Breit

Bist du breit
in der Weihnachtszeit,
so hast du nichts kapiert
und zu viel Weihnachtsbier probiert.

#40 Ein Hoch auf Weihnachten und den Bienenstich

Ein Hoch auf die Gemütlichkeit.
Wer kein Bier trinkt, tut mir leid.
Ein Hoch auf Weihnachten und aufs neue Jahr
und auf gutes Bier, das ist doch klar.
Ein Hoch auf die Medizin
und aufs Aspirin.
Ein Hoch auf dich und mich
und auf den köstlichen Bienenstich.

#41 Weihnachtsfeier

Bald jeder kennt meine alte Leier.

Sie gilt für jede Weihnachtsfeier:

Bei allen weihnachtlichen Festen

schmeckt Weihnachtsbier am besten!

#42 Glauben, Liebe, Hoffnung

Ich glaube an die Liebe zwischen Frau und Mann.

Ich hoffe, die große Liebe trifft jeder irgendwann.

Ich hoffe, du liebst mich

mindestens halb so sehr wie ich dich.

Ich hoffe auf eine bessere Welt,

in der vor allem die Liebe zählt.

Ich glaube an die göttliche Gerechtigkeit.

Ich hoffe, dass es zu Weihnachten schneit.

Ich glaube an das Gute im Weihnachtsbier mit seinen

6 Prozent.

Ich hoffe, wir bekommen einen besinnlichen, schönen

Advent.

Ich hoffe, wir trinken nachher ein Bier zusammen.

Prost und Amen.

#43 Nikolausgeschenk

Suchst du ein Buch für Nikolaus, den 6. Dezember?
Remember. Remember. Remember!
Ich hab Biergedichtebücher geschrieben.
Kauf sie, les sie, verschenk sie. Man wird sie lieben.
(Oder auch nicht.
- Das ist mein Nikolauswerbegedicht)

#44 Keine Zweifel

Habe ich Zweifel und glaube nicht ans Christkind,
mache ich mir ein Weihnachtsbier auf geschwind.
Und spätestens nach Bier Nummer drei
ist's mit dem Zweifeln vorbei.

#45 Geschenk

Schenken ist oft eine Bürde.
Schenke Freude und Genuss.
Schenke einen persönlichen Gruß.
Schenke, was dir als Beschenktem gefallen würde.

Mein Geschenk sei Bier.
Bier schmeckt dir und mir.

#46 Santa Claus beer-poem

Santa Claus, Santa Claus -
he's going from house to house.
He brings good beers.
Cheers cheers cheers.
Beer is simply the best
forget the rest.

#47 Gib dem Nikolaus ein Bier

Kommt der Nikolaus heut zu dir,
trink mit ihm ein paar Weizenbier.
Dies wird ihn fröhlich stimmen
und er hätte keinen Grund dich zu vertrimmen.
Nein, er wird dich reich beschenken
und glücklich schon an den nächsten Nikolaustag
denken.
Der Nikolaus liebt Bier gar sehr
und trinkt er eins, dann hätte er gern noch mehr.
Denn Bier ist eine der Himmelsgaben,
von denen wir nie genug haben :-)

#48 Nikolaus

Letzte Nacht

bin ich im Traum erwacht

als der Nikolaus ganz sacht

mir folgende Nachricht hat gebracht:

„Ich habe an dich gedacht

und himmlische Weihnachtsbiere mitgebracht!

Zwei Flaschen davon habe ich schon aufgemacht.

Und jetzt werden sie von uns leer gemacht.

Prost!"

#49 Mach mal Pause

Sei doch nicht so in Eile.

Lieber Nikolaus, verweile

bei mir.

Es gibt Weihnachtsbier!

#50 Erlösung

Der Nikolaus war kurz eingedöst.

Wir haben ihn von einer Kiste Weihnachtsbier „erlöst".

Wir haben die Kiste leergemacht.

Der 6.12. hat uns dies Jahr viel Spaß gemacht.

#51 Trinken mit dem Nikolaus

Es trinkt der liebe Nikolaus
mit mir ein Bierchen aus.
Er schiebt ein Kästlein her und hin,
Was ist wohl in dem Kästlein drin?
Es trinkt der liebe Nikolaus
mit mir ein Bierchen aus.
Er bringt zur Nacht mir gutem Kind
die Bierlein, die im Kästlein sind.
Es trinkt der liebe Nikolaus
mit mir ein Bierchen aus.
Er schiebt das Kästlein hin und her,
am Morgen ist das Kästlein leer.
Es trinkt der liebe Nikolaus
mit mir ein Bierchen aus.

#52 Bauernregel

Meint der Bauer, es wiehert ein Rentier,
hat er wohl zu viel getrunken vom Weihnachtsbier.

#53 Bierwetterregel

Wenn im Dezember die Bierflasche über Nacht
draußen zerknallt,
dann ist das Wetter eher kalt.

#54 Nikolaus mit Bier

Als Nikolaus steh ich vor deiner Tür.
Ich möchte rein, ich will zu dir.
Im Sack hab ich jede Menge Bier dabei.
Das lassen wir uns schmecken, wir zwei.
Und bekomme ich für jedes Bier
noch einen langen Kuss von dir,
dann bin ich überglücklich,
denn deine Küsse sind vorzüglich :-*

#55 Besuch vom Nikolaus

Ich stelle heut mein Bierglas raus.
Vielleicht füllt der Nikolaus mein Bierglas voll.
Ich hoffe, es wird was draus.
Das wäre toll.

#56 Weihnachtlicher Schwarzwald

Im weihnachtlichen Schwarzwald
ist's heut' ziemlich kalt.
Damit ich nicht frier',
trink' ich jetzt ein Glühweihnachtsbier.

#57 ## Adventliches Meditieren mit Bier

Advent, die stillste Zeit im Jahr –

Doch meistens ist das gar nicht wahr.

Stattdessen ist es eine hektische Zeit

und man ist innerlich noch gar nicht für Weihnachten

bereit.

Drum mein Rat,

setz ihn gleich um in die Tat:

Nimm dir jeden Abend eine Stunde „Bierzeit" frei.

Denk an dich und sei so frei.

Genieße dein Bier ganz still und leise

und du wirst sehn, du kommst zur Ruh auf diese

Weise.

#58 ## Adventsbier

Kerzen am Adventskranz brennen,

drum tun wir heute mal nicht hektisch umherrennen.

Kerzen am Adventskranz brennen

und wir sitzen auch nicht da und flennen.

Am Adventskranz brennen Kerzen

und wir freuen uns und scherzen.

Denn wir haben Grund zu lachen,

weil wir gerade ein Bier aufmachen.

#59 Adventskranz und Bier

Himmlisch ist's, wenn am Adventskranz die Kerzen
brennen.
Du kannst mich deshalb gerne einen Romantiker
nennen.
Wunderschön ist's aber auch,
wenn Weihnachtsbier fließt in meinen Bauch.
Weihnachtsbier trinkend im Schein der Kerzen,
so lässt sich der Alltag bestens verschmerzen.

#60 Gedanken zum Advent

Wie sehr werden wir doch von Gott geliebt,
dass er uns seinen Sohn hergibt.
Und außerdem schenkt er dir und mir
auch noch köstlichstes Weihnachtsbier.
Unserem Herrgott sei Dank
für diesen himmlischen Trank.

#61 Frohe Weihnachtszeit

Damit es froh weihnachtet,
hab ich mein Sparschwein geschlachtet.
Hab mit dem Geld Weihnachtsbier gekauft
und das Bier mit den Heiligen 3 Königen und Josef
ausgesauft.
Frohe Weihnachten!

#62 Himmlisch gut

Für die einen ist Weihnachtsbier nur ein Getränk.
Für die anderen und auch mich ist's ein göttliches
Geschenk.
Ich bin froh, wenn ich diese himmlische Gabe
vor mir im Glas oder in der Flasche habe.

#63 Trostbier

Bist du zu Weihnachten traurig und suchst Trost?
Trink ein Weihnachtsbier. Prost.
Hilft das nicht?
Schreib ein Weihnachts-Bier-Gedicht.
Bist du immer noch nicht gut drauf?
Dann mach dir noch mehr Flaschen auf.
Glücklich ist, wer mit Weihnachtsbier vergisst,
dass er eigentlich traurig ist.

#64 Zwischenzustand

Erträgst du im nüchternen Zustand die Festtage nicht.
Trink zwei Weihnachtsbier und du befindest dich
irgendwo zwischen nüchtern und dicht.
So erlebst du stressfreie und friedliche Feiertage.
Weihnachtstage ohne Klage.

#65 Erkenntnis

Zu Weihnachten muss man trinken,
was man eben trinken muss:
Weihnachtsbier!

#66 Rauscheengel

Nach 10 Weihnachtsbier ist er berauscht
und sieht einen Engel herangerauscht.
Den Rauscheengel sieht nur er.
Für heute trinkt er keinen Tropfen mehr.
Die anderen sehen den Engel nicht;
fast fertig ist dies Bier-Gedicht.
Und die Moral von der Geschicht:
Glaube dir nach 10 Bier selber nicht!

#67 Besinnliche Adventszeit

Advent ist's - die hektische Vorweihnachtszeit.
Draußen ist's kalt. Es schneit.
Advent sollte eigentlich besinnlich sein.
Nimm dir öfter eine Auszeit und sag zum Trubel nein.
Trink besinnlich eine oder besser zwei Flaschen
Weihnachtsbier
und die weihnachtliche Ruhe kehrt ein in dir.

Adventsgrüße

Mein Herz vor Sehnsucht nach Liebe brennt.

Ich wünsche allen einen schönen Advent <3

Meine Leber zwickt.

Sie hat wohl gestern zu viel Bier abgekriegt :-)

Immer da

Saurier, DDR und Cholera

- vieles war einst mal da.

Manches kommt auch wieder,

wie Weihnachtsbier und im Mai der Flieder.

Das ist so Jahr für Jahr.

Ich finde das einfach wunderbar.

Biergeschenk

Frühling, Sommer, Herbst und Winter –

zu Weihnachten beschenkt euch das Christkind, liebe
Kinder.

Aber auch ich Erwachsener werde nicht vergessen.

Ich bekomme Weihnachtsbier, passend zu weihnacht-
lichem Essen.

#71 Weihnachtsfrieden

Ach, wäre doch Frieden
uns allen beschieden.
Zur Weihnachtszeit
gar weltweit.
Ich träume diesen Traum
unterm Weihnachtsbaum
nach zwei Flaschen Bier
- natürlich Weihnachtsbier.

#72 Vorweihnachtszeit in Weil der Stadt

Nach mehreren Bier auf dem nächtlichen Weg nach
Haus,
traf ich vorhin in Weil der Stadt vor dem Rathaus
den Weihnachtsbaum. Ich hab ihn gleich fotografiert
und somit Weihnachten auch hier dokumentiert.
Ich liebe die Weihnacht
und ich liebe Weil der Stadt bei Nacht.

#73 Erwartungen

An Weihnachten gilt es zu beachten,
es nicht mit zu vielen Erwartungen zu überfrachten.
Stell eine Kiste Weihnachtsbier bereit
und hab einfach eine schöne Zeit.

#74 Auftanken im Advent

Bitterkalt ist's. Es schneit.

Ja, der Winter ist nicht aufzuhalten.

Weihnachten naht. Bald ist's so weit.

Höchste Zeit, mal wieder innezuhalten.

Höchste Zeit, die Arbeit eine Stunde liegen zu lassen

und ein, zwei Bier in aller Ruhe zu vernaschen.

Vielleicht dabei ein Gedicht verfassen,

auf jeden Fall auftanken und ein wenig Stille und

Besinnlichkeit erhaschen.

#75 Glühbier (ca. 50 °C heißes Bier)

Glühwürmchen gibt's und auch Glühwein,

es dürfte aber auch mal ein Glühbier sein.

Stell dir vor, du ziehst dir auf dem Weihnachtsmarkt

ein solches rein

als echte Alternative zum Glühwein.

Heiß würde es in deinem Becher schäumen

und dabei würdest du von Weihnachten träumen.

#76 Träume (I have a dream)

Ich träume von weißen Weihnachten,

an denen die Menschen mehr auf einander achten.

Ich träume von einem Papier,

wo draufsteht „Gutschein für 1000 l Weihnachtsbier".

Manchmal werden ja Träume wahr.

Wenn nicht in diesem, dann vielleicht im nächsten

Jahr.

#77 Weihnachtsbeginn

Weihnachten beginnt,

wenn mirs Christkind

Weihnachtsbier bringt.

Dann bin ich liebevoll beschwingt,

nicht mehr hektisch, wütend und blind.

#78 Gedanken beim Weihnachtsbier

Es schneit, schneit, schneit.... ganz leise und fein.

Der Winter zieht in Deutschland ein.

Der Alfred trinkt jetzt Weihnachtsbier

und weiß, Weihnachten steht vor der Tür.

Er trinkt, trinkt, trinkt in einem fort

und denkt sich dabei an einen wärmeren Ort.

Weihnachtsbier (ca. 6 % vol)

Auf dieses Bier ist zu achten,

das es gibt kurz vor Weihnachten.

Meist ziert ein winterliches Etikett

die Flasche, die geöffnet verströmt ein kräftiges Bukett.

Suchst du für einen guten Freund ein Weihnachtsge-

schenk,

liegst du mit einer Kiste Weihnachtsbier garantiert

richtig, ich denk.

Frohe Weihnachten!

#80 Weihnachtsbier

Weihnachtsbier schmeckt mir gar prächtig.

Bei seinem Genuss werde ich ganz andächtig.

Ich schließe die Augen, höre Engelein singen.

Stelle mir vor, wie sie mir Nachschub bringen.

#81 Weihnachtliche Freude

Weihnachten hat mir wie keine andere Nacht

schon immer große Freude gebracht.

Lange habe ich über die Gründe nachgedacht:

Familientreffen und Weihnachtsbier haben's entfacht

und nicht festlicher Prunk und weihnachtliche Pracht.

#82   Etikett

Verschenkst du Weihnachtsbier,
brauchst du kein Geschenkpapier.
Flasche und Etikett sind genug Zier
fürs wundervolle Weihnachtsbier.

#83   Wunderbar

Weihnachten ist wunderbar.
Weihnachten ist unschlagbar.
Frage nicht „Warum?"
Genieße und sei stumm.
Mach's wie wir,
trink Weihnachtsbier!

#84   Weihnachtsfreibier

Liebes Christkind,
sag mir geschwind,
wo ich Weihnachtsfreibier find.

Wenn du mich fragst,
warum ich dich frag
- weil du mich magst
und ich dich mag.

Prost mit Weihnachtsbier

Dick liegt Schnee auf den Dächern und den Straßen.

Auf den Weihnachtsmärkten dampft Glühwein aus den Tassen.

Viele Menschen sieht man hektisch umherlaufen.

Sie müssen vielleicht noch Weihnachtsgeschenke kaufen.

Ich dagegen trinke in Ruhe weihnachtlichen Hopfentee und schaue dabei von innen nach draußen auf den Schnee.

Prost auf ein friedliches Weihnachten!

Prost, wir sollten mehr auf uns achten!

Prost auf mehr Gelassenheit!

Prost auf eine segensreiche Zeit!

Selig trinke ich mein Glas Weihnachtsbier leer und schicke für jedes Prost ein neues Glas hinterher.

Sein

Weihnachtsbier muss promilliger sein.

Weihnachtsbier muss besonders fein sein.

Bei -20 °C darf's auch mal ein Glühwein sein.

#87 Nass-kalter Wintertag

Habe mir ein Weihnachtsbier einverleibt.

Glaube nicht, dass es bei einem bleibt.

Mal schauen, wie viele ich heute noch trinken mag

an diesem nass-kalten Wintertag.

#88 Zehn Weihnachtsbier

Ein Weihnachtsbier ist besser als kein Weihnachtsbier,

zwei Weihnachtsbier sind besser als ein
Weihnachtsbier,

drei Weihnachtsbier sind besser als zwei
Weihnachtsbier,

vier Weihnachtsbier sind besser als drei
Weihnachtsbier,

fünf Weihnachtsbier sind besser als vier
Weihnachtsbier,

sechs Weihnachtsbier sind besser als fünf
Weihnachtsbier,

sieben Weihnachtsbier sind besser als sechs
Weihnachtsbier,

acht Weihnachtsbier sind besser als sieben
Weihnachtsbier,

neun Weihnachtsbier sind besser als acht
Weihnachtsbier.

Zehn Weihnachtsbier sind ein Weihnachtsbier zu viel.

#89 Bierischer Vergleich

Ich ohne Bier

wäre wie der Weihnachtsmann ohne Rentier.

Drum gebe ich zu Protokoll:

Erst Weihnachtsbier macht das Weihnachten toll.

#90 Weihnachtlich

Wecke das Weihnachtliche in dir,

trinke ein, zwei Weihnachtsbier!

#91 Guter Plan

Frisch gestärkt

geht's ans Werk.

Jetzt wird der Weihnachtsbaum aufgestellt.

Für hinterher ist schon Bier kaltgestellt.

Denn ist die Arbeit dann getan,

trinken wir Bier. So ist der Plan.

#92 Rentier Rudolph

Rudolph mit der roten Nase
ist kein eierverteilender Osterhase.
Nein, er ist des Weihnachtsmanns Rentier.
Und seine rote Nase kommt vom vielen
Weihnachtsbier.

#93 Weihnachtsbiertraumbaum

Liebe Freunde, ihr glaubt es kaum,
ich bin echt stolz auf meinen Weihnachtsbaum.
Hoch oben auf des Baumes Spitz
hat ein kleines Bierfläschchen seinen Sitz.
Und je tiefer man am Baum nach unten blickt,
ist er mit umso größeren Flaschen geschmückt.
Oben befinden sich die Kleinen,
die Geringprozentigen, die Feinen.
Unten findet man an den Ästen die Großen,
dort sind dann auch die Ein-Liter-Bierdosen.
Liebe Freunde, ob ihr's glaubt oder nicht,
mein Weihnachtsbaum ist ein Bier-Gedicht,
denn liebe Freunde, mein weihnachtlicher Baum
ist noch leider nur ein Traum.

#94 Weihnachtliche Kombination

Lass in deinem Wohnzimmer immer etwas freien Raum
für eine Kiste Weihnachtsbier unterm
Weihnachtsbaum,
denn Weihnachtsbaum und Weihnachtsbier
veredeln perfekt dein weihnachtliches Revier.

#95 Christmas tree

My friends Wolfgang and Andi
are drinking beer and brandy.
Anytime they see
a Christmas tree.
They see it twice.
What a big surprise.

#96 Weihnachtsbierbetrachtung

Wenn man Weihnachten als Bier betrachtet,
dann ist die Liebe, nach der man schmachtet,
der Alkohol vom Weihnachtsbier.
Prost! Zum Wohl! Frohe Weihnachten wünsche ich dir.

#97 Stille Nacht

Sie schreit: „Am Christbaum brennt eine Kerze nicht."

Er brüllt: „Ruhe. Die anderen Kerzen geben genug Licht."

Sie: „ Selber Ruhe. Blödmann.

Schrei mich nicht so an!"

Er: „Komm, gegen den Weihnachtsstress trinken wir jetzt vor dem Kamin gemütlich ein Weihnachtsbier."

Dann ist endlich stille Nacht,

denn der Stress hat sich davongemacht.

#98 Winter

Er ist da der Winter,

liebe Kinder.

Frau Holle lässt's schneien wie verrückt.

Die Kinder freut's, sie sind entzückt.

Frostig-kalt ist's. Der Schnee bleibt liegen.

Ich schippe Schnee, damit Christkind und Co. nicht auf die Fresse fliegen.

Nach getaner Arbeit

steht schon ein Bier bereit ;-)

#99 Feucht-fröhlich-teure Weihnachtszeit

Für Weihnachten sollst du teure Geschenke kaufen

Und nicht mit Freunden relaxed Bierchen saufen.

Machst du's anders rum,

nimmt man's dir krumm.

Egal und Prost – wir scheren uns nicht darum!

#100 Weihnachtliche Harmonie

Weihnachtsbaum und Weihnachtskuchen –

du lässt mich von deinem Weihnachtsbier versuchen.

Harmonie, Harmonie

wie sonst nie.

#101 Zum Wohl

Die Welt ist eingeschneit,

aber ich bin gut vorbereit'.

Ich hab genügend Bier im Haus

und muss nicht in den Schnee hinaus.

Ich bleib in meinem warmen Zimmer

und trinke dort mein Weihnachtsbier.

Ich muss dürsten nimmer.

Ach, wie wohl ist mir.

#102 Weihnachtliches Prost

Wir trinken aufs Christkind,

auf dass es uns find'.

Wir trinken auf Josef und Maria.

Wir trinken auf Gottes Gloria.

Wir trinken darauf, dass es schneit.

Wir trinken auf Gottes Barmherzigkeit.

Wir trinken auf eine schöne Weihnachtszeit.

Und was trinken wir?

Natürlich Weihnachtsbier!

#103 Gänse, Rehe... -Weihnachtsbraten

Es weihnachtet.

Mehr Tiere als sonst werden geschlachtet.

Esst weniger Tiere.

Trinkt mehr Weihnachtsbiere!

#104 Warten aufs Christkind

Wir warten und freuen uns aufs Christkind,
weil wir gute und liebe Menschen sind.
Deshalb wollen wir von des Christkinds Gaben
zur Belohnung auch etwas Schönes für uns haben.
Dann machen wir lieb und heiter
nächstes Jahr auch so weiter.
Die Wartezeit überbrücken wir
mit leckerem Weihnachtsbier.

#105 Bierige Weihnachtsgaben

Unter meinen Weihnachtsgaben
möchte ich verschiedene Biere haben.
Biere von nah und fern.
Biere von einem anderen Stern.
Biere vom Paradies.
Biere – alkoholisch, hopfig, leicht süss.

#106 Außerirdische Betrachtung

Würde uns zu Weihnachten
ein Alien betrachten,
dann dächte er wohl,
die Menschen trinken fast nur Weihnachtsbier und
anderen Alkohol.

#107 Immer wieder

Liegt Schnee, dann trägt man Winterschuh.
Im Dezember hört man Weihnachtsliedern zu.
Die Kaufhäuser sind übervoll.
Ich trinke Bier mit Alkohol.
So ist das jedes Jahr wieder.
Ich trinke jetzt den dritten Liter.

#108 O du fröhliche

Ich wünsche allen Bier-(Gedichte-)Fans frohe
Weihnachten!
Tut über Weihnachten auch auf eure Gesundheit achten!
Trinkt statt Weihnachtsbier mal Kamillentee!
Ha, ha, ha. Bloß nicht nee, nee, nee!
Zu einem schönen Weihnachtsfeste gehört ein gutes Bier.
Das muss ich euch nicht sagen, so was wisst ihr (eh).

#109 Weihnachtswünsche I

Zu Weihnachten wünsche ich mir
einen langen, lieben Kuss von dir,
sowie Frieden, Gesundheit und ein gutes Bier
Und hätte ich meine Geschenke noch nicht in
trockenem Tuch,
gäb's natürlich für jeden ein Bier-Gedichte-Buch.

#110 Weihnachtswünsche II

Eine Welt ohne Hass und Gewalt
gibt's hoffentlich bald.
Ein Leben ohne allzu viele Sorgen,
keine Angst vor morgen,
dazu eine Kiste Weihnachtsbier
das wünsche ich mir.

#111 Fest der Liebe

Weihnachten ist weniger das Fest der Triebe
als das Fest der Nächstenliebe.
Es geht nicht um Sex und Gier,
sondern um zusammen zu feiern – auch mit Bier ;-)

#112 Jetzt und immer

Hört auf, euch zu bekriegen.
Die Liebe, die muss siegen.
Weg mit Hass und Egoismus.
Lachen und Herzlichkeit sind ein Muss.
Und das nicht nur zur Weihnachtszeit,
sondern ab jetzt bis in alle Ewigkeit.
Darauf trinken wir
jetzt ein Weihnachtsbier!
Amen.

113 Schöne Weihnachten

Weihnachten macht barmherzig und weich.

Weihnachten beschenkt uns reich.

Wir lieben mehr und werden ein wenig mehr geliebt.

Schön, dass es Weihnachten gibt!

Ich werde geliebt von dir.

Du wirst geliebt von mir.

Und beide lieben wir Weihnachtsbier.

114 Jesuskind

Während ich am Bierchen nippe,

denke ich ans Kind in der Krippe.

Jesus, zerbrechlich und arm,

liegt da zum Gotterbarm.

Unwichtig sind Macht und Geld.

Was zählt ist die Liebe auf der Welt.

Die Liebe zu dem Nächsten und zu dir.

Und auch ein wenig die Liebe zu Bier.

Besonders dann, wenn's ein Weihnachtsbier ist,

das Bier, das was Besonderes ist, wie ihr wisst.

#115 Halleluja

Zur Wintersonnenwende
haben die Sorgen ein Ende.
Weihnachten ist da!
Halleluja!
Und mit ihm das Weihnachtsbier.
Ach, wie wohl ist mir.

#116 Weihnachtsgeschenk

Das schönste Geschenk, das du mir gibst,
ist, zu wissen, dass du mich liebst.
Frohe Weihnachten!
Ich liebe dich auch <3
Und jetzt trinke ich Weihnachtsbier, so ist's Brauch.

#117 Weihnachten

Weihnachten.
Daheim übernachten.
Den Christbaum betrachten.
Nicht aufs Cholesterin achten.
Den Schoko-Nikolaus schlachten.
Zu Fernsehschnulzen schmachten.
Und für schöne, heitere Weihnachten
gilt es natürlich unbedingt zu beachten,
genügend Bier in den Keller zu verfrachten.

#118 Die schöne Zeit

Weihnachten ist die schöne Zeit,

wenn's Weihnachtsbier gibt und schneit.

Es ist die Zeit voller Hektik und Harmonie.

Solch eine Zeit hat sonst das Jahr nie.

In dieser Zeit herrschen Dunkelheit und Kerzenlicht.

Außer in der Weihnachtszeit findet man sowas nicht.

Weihnachten ist die Zeit der Weihnachtsbäume.

Es ist auch die Zeit der Friedensträume.

Weihnachten ist die Zeit der Krippen und der Kirchgänge.

Es ist die Zeit der Besinnung und der Weihnachtsgesänge.

Das Fest gehört vor allem den Kindern und Familien.

Zu Weihnachten geht's mal nicht um Geld und Immobilien.

Es ist die Zeit der Geschenke, des Friedens und der Liebe.

Schön wär's, wenn dieser Zustand das ganze Jahr so bliebe.

Alle, die nicht klarkommen mit ihren Gefühlen und Sehnsüchten,

können versuchen vor Weihnachten zu flüchten.

Ich jedenfalls bleibe gerne hier,

denn ich mag diesen weihnachtlichen Zauber und das Weihnachtsbier.

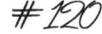

Morgens, 24. Dezember

Frieden und Schnee liegen auf dem Land.

Unsere Gläser sind gefüllt bis zum Rand.

Heiligabendmorgen ist heute.

Um uns rum lauter nette Leute.

Wir stimmen und trinken uns ein

mit Bier, Whisky-Cola und Wein.

Mit jedem Glas werden angenehm schwerer unsere

Glieder;

der süße weihnächtliche Frieden hat uns wieder.

Mein Handy klingelt, habe den Nikolaus an der

Strippe.

Er prostet mir zu: „Ein Prost auf das Kind in der

Krippe."

Christkind

Wo find

ich das Christkind?

In Bethlehems Stall?

Nein, überall.

Überall wo Menschen sind,

findet man das Christkind.

Ein Prost aufs Christkind,

das man überall find.

121 Lieber Jesus

Gott, du bist Mensch geworden.

Liegst in der Krippe ohne Klamotten.

Brauchst weder Geld noch Orden.

Jesus erlöse uns aus unserer Not.

Bewahre uns vor Verwirrung und vorm ewigen Tod.

Gib uns Frieden, Liebe und mir bitte flüssiges Brot.

Amen

122 Frohe Weihnachten

Tief von Weihnachten berührt,

trinkt James Wodka Martini geschüttelt, nicht gerührt.

Ich bevorzuge Weihnachtsbier.

Frohe Weihnachten wünsche ich dir.

123 Vom Schenken und Beschenktwerden

Zu Weihnachten soll man beim Schenken zunächst an
die anderen denken,

aber nicht vergessen, sich selber mit Weihnachtsbier zu
beschenken.

So habe ich auch an mich gedacht

und mich mit Geschenken bedacht.

Ich wickle nun freudig ab das Geschenkpapier.

und freue mich schon aufs verpackte Weihnachtsbier.

124 Bescherung

Die Kinder lachen.

Sie freuen sich über ihre neuen Spielsachen.

Mutter und Vater lachen auch.

Sie freuen sich über Weihnachtsbier im Bauch.

125 Nach der Christmesse

Nach der Christmesse ist's bestimmt nicht verkehrt,

wenn man mit den Freunden noch ein Bierchen leert.

Prost!

126 Christbaumloben

„Euer Christbaum –

ein Traum!"

Und fast wie bestellt,

werden dir Bier und Schnaps hingestellt.

Für so manchen ist das Tradition -

den Christbaum loben. Zum Wohl!

127 Bierpause

Nach der großen weihnachtlichen Sause,
gönne deinem Körper mal eine Pause.
Trinke mal nur Wasser mit Zitrone.
Verbringe den Tag, was Bier betrifft, mal ohne.

128 Zum Jahreswechsel

Das neue Jahr kommt, das alte geht.
Niemand weiß, was ihm bevorsteht.
Um diese Ungewissheit zu ertragen,
könnte ich jetzt ein Weizenbier vertragen.

129 Weihnachtsbiertropfen

Schnee auf den Tannen
schmilzt von dannen.
Wassertropfen
stetig tropfen
auf dich
und auf mich.
Ach, wären die Tropfen doch Weihnachtsbier.
Das wünschte ich mir.

#130 Weihnachtslimerick

Das Christkind beschenkt uns still und leise.

Jeder liebt Weihnachten auf seine Weise.

Der Schnee färbt alles weihnachtlich weiß.

Weihnachtsbier trinkt man kühl, Glühwein heiß.

Nach Weihnachten fallen dann die Preise.

Am Vogelknödel hängt eine Meise.

Wer schenkt mir zu Weihnachten eine Reise?

Oder wer lädt mich ein

auf ein Weihnachtsbier oder einen Glühwein?

Ich wäre froh wie die Meise bei ihrer Speise.

#131 Auf die Taxifahrer

Der Taxifahrer muss an Silvester nüchtern sein.

Er schenkt sich heute kein Bierchen ein.

Dafür hat er's dann morgen gut,

weil ihm sein Kopf nicht weh tut.

Prost auf die Taxifahrer, die nicht trinken dürfen.

Auf sie werde ich jetzt ein Bierchen schlürfen!

#132 Bier statt Böller (Silvesterbier)

Bier statt Böller

oder Brot statt Böller

nach Möglichkeit halt keine Böller.

Millionenfaches Bierflaschenöffnen in der Silvesternacht,

Millionenfaches Plopp dann um Mitternacht –

das wäre der richtige Start in das neue Jahr –

heute noch ein Traum, vielleicht Morgen schon wahr.

Silvesterbier,

das lob ich mir.

Allen wünsch ich ein gutes neues Jahr!

Alle eure Wünsche werden mehr oder weniger wahr!

Ich weiß das, weil ich trink bewusstseinserweiterndes Bier.

Deshalb schon vertrauet mir ;-)

#133 Jahresrückblick

Was wollte das alte Jahr uns sagen?

Was gab's in diesem Jahr zu beklagen?

Gab's auch schöne Sachen?

Hatten wir viel zu lachen?

Diese Fragen gehen mir

durch den Kopf bei einem Bier.

#134 Heute

Silvester- Um uns rum knallen die Sektkorken.

Wir trinken auf gestern, heute und morgen.

Gestern ist vorbei.

Morgen erwartet uns ungewisses Allerlei.

Heute ist der Tag, der zählt.

Wir haben als Getränk Bier gewählt.

#135 Silvester

Hier ist er nun

und muss es tun:

Sich mit Bier abschießen,

um das alte Jahr abzuschließen

und um das neue zu begrüßen.

#136 Prost Neujahr

Ich habe Sekt und Bier getrunken.

Vielleicht bin ich etwas betrunken.

Ich bin ein wenig blue.

Und was bist du?

Prost Neujahr!

137 Vorsätze fürs neue Jahr

Weniger Bier saufen, mehr laufen.

Oder doch lieber -

Noch mehr saufen, noch weniger laufen?

138 Der Knallfrosch

Der Knallfrosch hüpft von Silvester nach Neujahr,
das ist wahr.
Wahr ist aber auch,
zu Silvester trinke ich Bier und Sekt, so will's der
Brauch.

139 Neujahrsbeginn

Das neue Jahr kann nur gewinnen,
tut man's mit einem Küsschen beginnen.
Danach mit Bier und Sekt anstoßen.
Dann weiter seinen Schatz liebkosen…

140 Neujahrsbier

Ein gutes neues Jahr,
noch besser als das alte war
- das wünsche ich dir und mir
und trinke darauf ein Neujahrsbier :-)

141   Happy New Year mit Bier

Bierlein, Bierlein vor mir im Glas,

ich trinke davon und wünsche euch das:

Allen ein gutes und frohes neues Jahr,

auf dass alle eure Wünsche werden wahr!

Ich wünsche euch ein Jahr, ganz wunderbar,

trotz vielleicht grauem Januar und kaltem Februar.

Happy New Year!

Ich wünsche mir

für jeden Tag ein kleines Bier.

Und werden's auch mal zwei,

dann ist auch nichts dabei.

142   Nicht nur zur Weihnachtszeit I

Weil ich Weihnachten so sehr mag,

feiere ich ein bisschen Weihnachten jeden Tag.

Ich mag Liebe, Freude, Frieden und Harmonie.

Diese Vier findet man sonst so nie.

Ich spüre diese geliebten Vier

beim gemeinsamen Genuss von Bier mit dir.

Als tägliches Weihnachtsgeschenk wünsche ich mir

jeden Tag ein leckeres Bier, am liebsten getrunken mit

dir.

143   Nicht nur zur Weihnachtszeit II

Ob's donnert, stürmt oder schneit,
Bier wirkt Wunder und befreit.
Bier hilft bei mancher Traurigkeit.
Bier schafft traute Gemütlichkeit
und mit etwas Glück Glückseligkeit.
Nicht nur zur Weihnachtszeit.
Sondern zu jeder Jahreszeit.
Bier ist fast immer eine Möglichkeit.
Gerne Freibier. Jetzt und in alle Ewigkeit.
Täglich ein Freibier und Freiheit
für die Menschheit, weltweit!

144   Weihnachtliches

Es weihnachtet heute wieder sehr.
Und mit jedem Weihnachtsbier etwas mehr.
So trinke ich mir Weihnachten herbei,
auch wenn's schon lange ist vorbei.

145   Das Glück

Das Glück hat viele Namen.
Meine verrate ich dir hier:
Liebe, Weihnachten, Bier.
Gott beschütze uns. Amen.

#146 Sternhagelvolle Sternsinger

Mancher Sternsinger liebt wie wir

Schnaps, Wein und Bier.

Längst schon wissen die Experten,

des Sternsingers Kehle muss mit Alkohol geölt werden.

Sie singen, segnen, sammeln Spenden, wünschen ein

„Zum Wohl"!

Und mancher König ist am Ende sternhagelvoll.

Und ist der Sternsinger eine Frau,

dann ist sie eben sternhagelblau.

Das Sternsingen ist ein alter Brauch.

Dabei zu Trinken aber auch.

#147 Die Sternsinger

Diese Geschichte wird vielleicht irgendwo wahr:

Wir schreiben den 6. Januar.

Die Bierflaschen sind leer.

Der Vater hat kein Bier mehr.

Der Haussegen hängt nun schief,

weil den Biereinkauf die Mutter verschlief.

Bier muss dringend her!

Aber wer bringt Bier, wer?

Da klingelt's. Die Sternsinger kommen vorbei

und Melchior hat tatsächlich auch Bier dabei.

Der Haussegen ist wieder gerade gerückt.

Alle sind über so viel göttliche Vorsehung entzückt.

Amen

#148   Osterbier

Nach Weihnachten
ist vor Weihnachten.
Dazwischen kommt Ostern.
Auch Ostern kann begeistern.

Ostern ist ein wenig wie Weihnachten.
Nur halt ohne Weihnachtsbier
und ohne Weihnachtsbaum, dafür
mit Schokohasen schlachten.
Warum hat sich Osterbier nicht etabliert?
Ich würd's kaufen - garantiert!

#149   Frühling, Sommer, Herbst und Winter

Wenn der Glühwein schmeckt nach Bier,
dann steht der Frühling vor der Tür.
Im Sommer dann trinken wir
natürlich täglich Weizenbier.
Wird's im Herbst neblig und frostig kalt,
dann gibt's Weihnachtsbier schon bald.
Kommt der Winter hereingeschneit,
dann ist auch mal Glühweinzeit.

#150 Mit Bier durchs Jahr

Durstig am Jahresanfang,
durstig das ganze Jahr lang.

Wenn's im Frühjahr regnet und draußen wird's nass,
dann trinken wir unser Bier drinnen und haben Spaß.

Ob der Sommer heiß und schwül
oder der Herbst neblig und kühl,
Durst haben wir immer.
Ohne Bier wird er noch schlimmer.

Auch wenn's im Winter schneit,
wissen wir Bescheid:
Gutes Bier
wollen wir.

Und geht das alte Jahr zu Ende,
kommt die Wintersonnenwende.
Ihr zur Ehr
trinken wir ein Weihnachtsbier leer.

Mit Bier durchs Jahr,
ist doch klar!

Inhaltsverzeichnis

#1	Erinnerungshilfe	7
#2	Herbstliche Vorweihnachtszeit	7
#3	November	8
#4	Adventszeit	8
#5	Paradiesisches Bier	9
#6	Denkt daran	9
#7	Weihnachtsmarkt	10
#8	Heimweg vom Weihnachtsmarkt	10
#9	Nur ein Bier	11
#10	Medizin	11
#11	Zufrieden und glücklich	11
#12	Winterzeit	12
#13	Weihnachtliche Vorfreude	12
#14	Großer Mist	12
#15	An Weihnachten	13
#16	Was?	13
#17	Weihnachtsglücksrausch	13
#18	Unstillbar	14
#19	Weihnachtsbier und ich	14
#20	Biersegen	14
#21	Es ist so weit	14
#22	Schmeckt gut, tut gut	15
#23	Weihnachtliche Liebeserklärung	15
#24	Spenden	15
#25	Macht Sinn	16
#26	Besinnlich- und Gemütlichkeit	16
#27	Warm ums Herz	16
#28	Weihnachtliche Wünsche	17
#29	Außer	17
#30	Tee mit Rum	17
#31	Glück im Unglück	18
#32	Gut	18
#33	Schneefrau	18
#34	Weihnachtsbier-trink-Grund	18
#35	Wunderschön	19
#36	Völlig unbeschwert	19
#37	Weihnachtslieder	19

#38	Gestern / heute	20
#39	Breit	20
#40	Ein Hoch auf Weihnachten und den Bienenstich	20
#41	Weihnachtsfeier	21
#42	Glauben, Liebe, Hoffnung	21
#43	Nikolausgeschenk	22
#44	Keine Zweifel	22
#45	Geschenk	22
#46	Santa Claus beer-poem	23
#47	Gib dem Nikolaus ein Bier	23
#48	Nikolaus	24
#49	Mach mal Pause	24
#50	Erlösung	24
#51	Trinken mit dem Nikolaus	25
#52	Bauernregel	25
#53	Bierwetterregel	25
#54	Nikolaus mit Bier	26
#55	Besuch vom Nikolaus	26
#56	Weihnachtlicher Schwarzwald	26
#57	Adventliches Meditieren mit Bier	27
#58	Adventsbier	27
#59	Adventskranz und Bier	28
#60	Gedanken zum Advent	28
#61	Frohe Weihnachtszeit	28
#62	Himmlisch gut	29
#63	Trostbier	29
#64	Zwischenzustand	29
#65	Erkenntnis	30
#66	Rauscheengel	30
#67	Besinnliche Adventszeit	30
#68	Adventsgrüße	31
#69	Immer da	31
#70	Biergeschenk	31
#71	Weihnachtsfrieden	32
#72	Vorweihnachtszeit in Weil der Stadt	32
#73	Erwartungen	32
#74	Auftanken im Advent	33

#75	Glühbier (ca. 50 °C heißes Bier)	33
#76	Träume (I have a dream)	34
#77	Weihnachtsbeginn	34
#78	Gedanken beim Weihnachtsbier	34
#79	Weihnachtsbier (ca. 6 % vol)	35
#80	Weihnachtsbier	35
#81	Weihnachtliche Freude	35
#82	Etikett	36
#83	Wunderbar	36
#84	Weihnachtsfreibier	36
#85	Prost mit Weihnachtsbier	37
#86	Sein	37
#87	Nass-kalter Wintertag	38
#88	Zehn Weihnachtsbier	38
#89	Bierischer Vergleich	39
#90	Weihnachtlich	39
#91	Guter Plan	39
#92	Rentier Rudolph	40
#93	Weihnachtsbiertraumbaum	40
#94	Weihnachtliche Kombination	41
#95	Christmas tree	41
#96	Weihnachtsbierbetrachtung	41
#97	Stille Nacht	42
#98	Winter	42
#99	Feucht-fröhlich-teure Weihnachtszeit	43
#100	Weihnachtliche Harmonie	43
#101	Zum Wohl	43
#102	Weihnachtliches Prost	44
#103	Gänse, Rehe... -Weihnachtsbraten	44
#104	Warten aufs Christkind	45
#105	Bierige Weihnachtsgaben	45
#106	Außerirdische Betrachtung	45
#107	Immer wieder	46
#108	O du fröhliche	46
#109	Weihnachtswünsche I	46
#110	Weihnachtswünsche II	47
#111	Fest der Liebe	47
#112	Jetzt und immer	47
#113	Schöne Weihnachten	48
#114	Jesuskind	48

#115 Halleluja 49
#116 Weihnachtsgeschenk 49
#117 Weihnachten 49
#118 Die schöne Zeit 50
#119 Morgens, 24. Dezember 51
#120 Christkind 51
#121 Lieber Jesus 52
#122 Frohe Weihnachten 52
#123 Vom Schenken und Beschenktwerden 52
#124 Bescherung 53
#125 Nach der Christmesse 53
#126 Christbaumloben 53
#127 Bierpause 54
#128 Zum Jahreswechsel 54
#129 Weihnachtsbiertropfen 54
#130 Weihnachtslimerick 55
#131 Auf die Taxifahrer 55
#132 Bier statt Böller (Silvesterbier) 56
#133 Jahresrückblick 56
#134 Heute 57
#135 Silvester 57
#136 Prost Neujahr 57
#137 Vorsätze fürs neue Jahr 58
#138 Der Knallfrosch 58
#139 Neujahrsbeginn 58
#140 Neujahrsbier 58
#141 Happy New Year mit Bier 59
#142 Nicht nur zur Weihnachtszeit I 59
#143 Nicht nur zur Weihnachtszeit II 60
#144 Weihnachtliches 60
#145 Das Glück 60
#146 Sternhagelvolle Sternsinger 61
#147 Die Sternsinger 61
#148 Osterbier 62
#149 Frühling, Sommer, Herbst und Winter 62
#150 Mit Bier durchs Jahr 63

Bisher sind von Alfred Reichel beim Verlag Books on Demand GmbH folgende Bücher erschienen:

Weihnachtliche Biergedichte, 2018

1516 Biergedichte, 2017

Frisch eingeschenkt – Biergedichte der besonderen Art, 2017

Goldene Biergedichte, 2016

Bierhaltige Gedichte, 2016

Tierisch gute Bier-Gedichte, 2015

Nicht nur Biergedichte, 2015

Bier-Lyrik, 2014

Bier-Liebes-Gedichte, 2013

Noch mehr Bier-Gedichte, 2013

Bier-Gedichte, 2012